20 Février 1899

V

VENTE

Par suite du départ de Mr P. N...

EN SON HOTEL, 38, RUE JULIETTE-LAMBER

Les Lundi 20 et Mardi 21 Février 1899, à 2 heures

MOBILIER ARTISTIQUE

Tapisseries, Tableaux

EXPOSITIONS

PARTICULIÈRE	PUBLIQUE
Le Samedi 18 Février 1899	Le Dimanche 19 Février 1899

de une heure et demie à cinq heures et demie

Me G. DUCHESNE	**M. A. BLOCHE**
COMMISSAIRE-PRISEUR	EXPERT
Rue de Hanovre, n° 6	Rue de Châteaudun, n° 28

CE CATALOGUE SERVIRA DE CARTE D'ENTRÉE

IMPRIMERIE MAULDE ET RENOU

MAULDE, DOUMENC & Cie

IMPRIMEURS DE LA COMPAGNIE DES COMMISSAIRES-PRISEURS

Rue de Rivoli, 144. — Paris

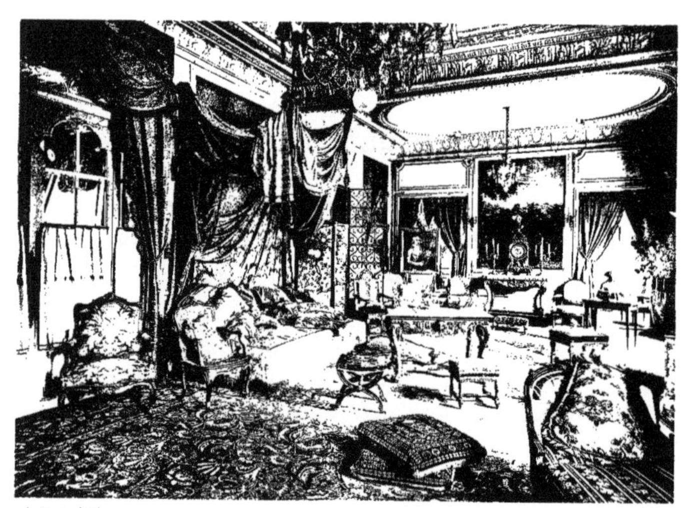

CATALOGUE

DU

MOBILIER ARTISTIQUE

Ancien et de Style

DES

TABLEAUX

DESSINS, PASTELS, AQUARELLES, GRAVURES

Objets d'Art

TAPISSERIES

Tapis d'Orient, Tentures

DONT LA VENTE AURA LIEU

PAR SUITE DU DÉPART DE Mr P. N...

En son Hôtel, 38, rue Juliette-Lamber

LES LUNDI 20 ET MARDI 21 FÉVRIER 1899, A 2 HEURES

Me G. DUCHESNE	**M. A. BLOCHE**
COMMISSAIRE-PRISEUR	EXPERT
Rue de Hanovre, no 6	Rue de Châteaudun, no 28

CHEZ LESQUELS SE TROUVE LE PRÉSENT CATALOGUE

EXPOSITIONS

PARTICULIÈRE	PUBLIQUE
Le Samedi 18 Février 1899	**Le Dimanche 19 Février 1899**

De une heure et demie à cinq heures et demie

Conditions de la Vente

Elle se fera au comptant.

Les acquéreurs paieront **cinq centimes par franc,** en sus des adjudications.

MAULDE, DOUMENC et Cie, imp. de la Cie des Commissaires-Priseurs,
rue de Rivoli, 144. 1000—78737

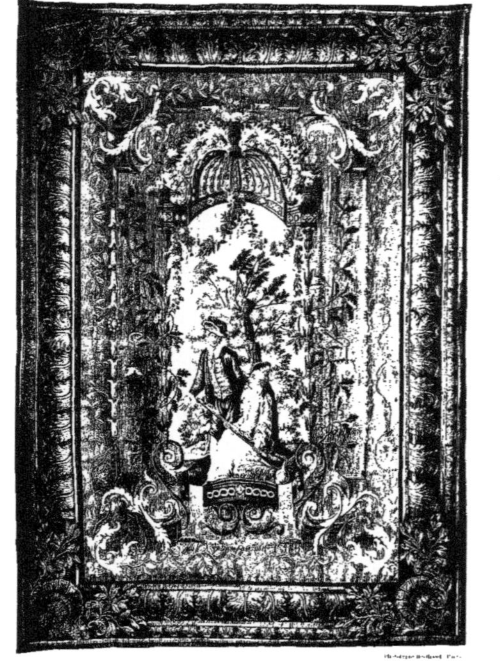

N° 1

Désignation

VESTIBULE ET ESCALIER

1 — Tapisserie du XVIIIe siècle représentant le *Repos à la Chasse.* Sous un bosquet fleuri, dans un riant paysage, une jeune dame de qualité est assise au pied d'un arbre, tenant son fusil sur ses genoux et causant avec un personnage debout à ses côtés ; deux chiens sont près d'eux. Cette composition, des plus gracieuses, inspirée, pensons-nous, de Watteau, se détache sur un fond rose et un contrefond havane, au milieu d'une ornementation en forme de portique à élégants rinceaux. La bordure simule un encadrement à grandes feuilles d'acanthe avec coquilles et gerbes aux angles.

2 — Panneau en ancienne tapisserie d'Aubusson du XVIIIe siècle, représentant un paysage avec rochers et kiosque chinois, arrosé par un cours d'eau et animé de volatiles ; bordure à ornements enguirlandés.

3 — Panneau en ancienne tapisserie représentant un paysage boisé avec village en perspective, bordure à fleurs et fruits.

4 — Tapisserie de la Renaissance, représentant l'apparition d'un dragon dans une forêt peuplée de lions, de tigres, de singes et autres animaux. Bordure à arabesques, fleurs et feuillages lobés au milieu desquels se dessinent des oiseaux fantastiques.

5 — Tapisserie ancienne représentant un paysage fleuri animé de volatiles avec vue de village et de château. Bordure à motifs de fleurs, vases et autres objets décoratifs.

6 — Tapis fond clair, dessin à fleurs et ornements polychromes, couvrant soixante-dix marches, sept paliers et antichambres, avec tringles en fer.

7 — Deux Tubes porte-cannes et parapluies en faïence, décor flambé rouge.

8 — Vasque sur trépied à chimères en faïence de Valoris, décor flambé.

9 — Deux Lampadaires en fer forgé, garnis de feuillages, fuseaux tors. Style Louis XIII, avec abat-jour de fantaisie.

10 — Fauteuil en bois sculpté Louis XIII.

11-12 — Deux Lustres à quatre lumières, en bronze, forme seau à crémaillère, décor à bossages. Style XVIe siècle. Disposés pour l'électricité.

13 — Lustre à cinq lumières. Style byzantin. Disposé pour l'électricité.

14 — Lampe à crémaillère en cuivre, forme romaine. Disposée pour l'électricité.

15 — Fronton en bois sculpté, forme de trophée, guerrier avec écusson en relief au milieu.

16 — Fauteuil de style égyptien.

17 — Table en chêne, style Louis XIII.

SALLE A MANGER

18 — Très beau Buffet à deux corps, en bois de noyer finement sculpté. Le bas ouvrant à deux portes pleines de chaque côté, le milieu à vide formant réserve. Le corps supérieur avec rangées de tiroirs à hauteur d'appui, formant vitrine ou argentier, est entièrement garni de glaces. Il ouvre à quatre portes. L'architecture et l'ornementation de ce meuble, inspirées du plus pur rocaille Louis XV, sont d'une rare élégance.

19 — Meuble argentier, formant dressoir, en bois de noyer finement sculpté, dessin à rocailles fleuronnées, le haut fermant à deux portes garnies de glaces biseautées. Style Louis XV.

20 — Table à coins arrondis en bois de noyer sculpté, piétement à rocailles reliés par un croisillon.

21 — Dix-huit Chaises en bois de noyer sculpté à rocailles, foncées de canne dorée et dessus en panne verte. Style Louis XV.

22 — Grand Lustre à quatorze lumières, en cuivre poli, de style flamand et disposé pour l'électricité.

23 — Deux paires de Bras d'appliques à deux lumières, en cuivre poli et disposées pour l'électricité.

24 — Trois paires d'Appliques à une lumière. Même style.

25 — Deux grands Cruchons en grès de Flandre, décor à sujets en bleu sur fond gris.

26-36 — Cinquante-trois Plats et Assiettes, principalement en faïence de Strasbourg, décor à bouquets de fleurs et au chinois ; quelques pièces de Nevers, décor à fleurs et sujets.

37-43 — Quatorze Plats et Assiettes en étain, ronds et ovales, à bords festonnés.

44 — Grande Carpette de Smyrne fond rouge à dessin polychrome.

45 — Petite Table présentoir avec plateau à deux anses, style anglais, en bois d'acajou, piétement finement fuselé.

46 — Tapis de table en drap vert avec application de galon et bordé de franges.

47 — Grille de foyer avec façade en cuivre poli, style Louis XIII hollandais.

48 — Écusson en bois sculpté rehaussé d'or, placé au-dessus de la cheminée.

GRAND SALON

49 — Porte à deux battants, en glace, avec très belle grille en fer forgé et doré, dessin à rinceaux. XVIe siècle.

50 — Cheminée monumentale en bois de noyer sculpté, montants à mascarons, têtes de chérubins, animaux fantastiques, avec bandeau à arabesques et rosaces. Le corps supérieur offre au centre *une Adoration de l'Enfant Jésus par les rois Mages*, dans un cadre à colonnettes feuillagées, les pilastres qui, de chaque côté, supportent la corniche, présentent, en bas-relief, des compositions à personnages fabuleux, figures d'amours et ornements inspirés des cartons de Jean Goujon.

51 — Console en bois sculpté et doré, riche décor à rocailles, dessus en marbre brèche d'Alep. Époque Louis XV. Posant sur un gradin recouvert de velours rouge.

52 — Table rectangulaire en bois sculpté, à quatre pieds, forme consoles ornées de volutes, sur griffes de lions, reliés par un croisillon ; sur les deux faces principales, le bandeau se dessine en forme de lambrequin ornementé avec têtes de femmes en haut-relief, sur les deux côtés, des motifs de gerbes et de feuilles d'acanthe, dessus en marbre brèche d'Alep. Époque Louis XIV.

53 — Console en bois sculpté et doré, à quatre pieds reliés par un croisillon. Le bandeau en forme d'arcades avec mascaron au milieu, dessus en marbre brèche grenat de Sardaigne. Époque Louis XIV.

54 — Petite Table à jeux en marqueterie de bois. Époque Louis XVI.

55 — Meuble-Vitrine à hauteur d'appui, en bois de citronnier et de palissandre garni de bronzes, dessus en marbre brèche d'Alep. Style Louis XVI.

56 — Meuble d'appui en bois de palissandre, ouvrant à deux portes en laque, fond noir, dessin paysage, fleurs et oiseaux à rehauts d'or et de couleur, garni de bronzes avec chiffre L.L. enlacés dans deux gerbes de feuillages, dessus en marbre brèche d'Alep. XVIIIe siècle. Signé : AMCRIARD.

57 — Glace biseautée Louis XIV, avec cadre et fronton à fond de glaces, en bois sculpté et doré, dessin à ornements, fleurs et oiseaux.

58 — Miroir biseauté avec cadre en bois finement sculpté et doré, fronton avec motif allégorique et figures de sphinx. Époque Louis XIV.

59 — Glace en deux parties, avec cadre en bois sculpté et doré, à ornements fleurs et feuillages. XVIIIe siècle.

60 — Paravent à quatre feuilles, en bois sculpté, style Louis XIV, avec panneaux en satin clair broché à fleurs.

61 — Petite Table, forme rognon, en bois d'acajou garni de bronzes, dessus en marbre brocatelle d'Espagne, avec galerie de cuivre. Style Louis XVI.

62 — Canapé Louis XV, en bois sculpté, forme à contours avec guirlandes et écussons, couvert en soierie bleue brochée à fleurs et festons.

63 — Chaise longue Louis XVI, en bois sculpté, sièges à coussins et couverte en soie rose à rayures vertes et blanches, brochée à fleurs.

64 — Banquette Louis XIV, en bois sculpté, dessin à coquilles et gerbes fleuries, couverte en velours de Gênes à dessin rouge sur fond clair.

65 — Petit Canapé Louis XV, en bois sculpté, dessin à coquilles et chutes de fleurs, couvert en soierie maïs broché à fleurs et festons.

66 — Fauteuil Louis XVI, en bois sculpté, couvert en satin rayé fond bleu et clair à fleurs.

67 — Fauteuil Louis XV, en bois sculpté, dessin à fleurs et rocailles, foncé de canne.

68 — Fauteuil Louis XIV, en bois sculpté foncé de canne.

69 — Fauteuil Louis XV, en bois sculpté, dessin à rocailles fleuronnées, couvert en brocart à fleurs et ramages.

70 — Fauteuil Louis XV, en bois sculpté, dessin à rocailles, bordure coquillée, couvert en brocatelle fond rouge à grands ramages de couleur.

71 — Fauteuil en bois sculpté et doré Louis XV, couvert en lampas rouge, dessin jaune.

72 — Fauteuil à haut dossier en bois sculpté, couvert en tapisserie au point, dessin à grands ramages. Style Louis XIII.

73 — Tabouret carré Louis XIV, à quatre pieds reliés pan un croisillon, dessus en velours de Gênes, fond et dessin rouges.

74 — Petit Tabouret carré recouvert en même velours, bois de style Louis XIII.

75 — Tabouret rectangulaire Louis XIV, en bois sculpté et doré, couvert en velours de Gênes fond jaune, dessin rouge.

76 — Tabouret forme X en bois sculpté, dessus en velours de Gênes, fond jaune, dessin rouge.

77 — Grand piano à queue, en palissandre, d'Érard.

78 — Trois Décorations de fenêtres, composées chacune de deux grands rideaux avec draperies en soie rose ancienne, dessin à ramages ton sur ton, avec couronnements forme caissons en velours rouge orné d'applications, le tout garni de franges et de passementeries assorties.

79 — Décoration de porte analogue.

80 — Huit Panneaux de tenture en même étoffe.

81 — Deux paires de Portières, en même étoffe, garnies de franges assorties.

82 — Trois Stores en surah crème avec motifs et dentelures en guipures.

83 — Trois paires de Brise-Bise en même étoffe.

84 — Très grand Tapis d'Orient, fond bleu, dessin à ramages polychromes, bordure fond rouge à fleurs et guirlandes.

85 — Petit Tapis de soie d'Orient, à fond jaune d'or, dessin à arabesques fleuries en polychrome et médaillons fond gros bleu d'une finesse remarquable comme travail et très harmonieux de coloris.

86 — Tapis d'Orient, fond rouge, à nombreux petits médaillons fond jaune, bordure à motifs symétriques.

87-89 — Trois Tapis d'Orient, dessins variés.

90 — Grand Divan recouvert de soierie et de brocart ancien à fond rouge et fond vert, dessin à fleurs et feuillages avec tenture amplement drapée en diverses soieries brochées et brodées soutenues par des cordelières à gros glands.

91 — Vingt-sept Coussins et trois Traversins en soieries anciennes en satin et brocart de différentes nuances.

92 — Deux grands Coussins carrés en tapis d'Orient.

93 — Panneau en tapisserie représentant un personnage se désaltérant à même une gourde, au milieu d'un paysage où se dessine un vif combat composé de nombreux petits personnages.

94 — Petit Bandeau en broderie de la Renaissance, dessin à arabesques.

95 — Panneau en ancienne tapisserie des Flandres, à personnages.

96 — Bandeau de cheminée en tapisserie des Flandres, dessin à mascarons et arabesques de fruits. XVIe siècle.

97 — Grande Pendule Louis XIV, en marqueterie de cuivre et d'écaille de l'Inde, garnie de bronzes, avec figures allégoriques sur le devant et statuette de Minerve formant le couronnement.

98 — Paire de Girandoles, à quatre lumières, en bronze doré orné de mascarons. Style Louis XIV.

99 — Deux paires de Bras d'appliques en bronze doré de style Louis XV, modèle à rocailles fleuronnées.

100 — Paire de Bras d'appliques à deux lumières, en bronze doré, style Louis XV, modèle de Caffiéri.

101 — Buste de Flore en terre cuite, attribué à Marin.

102 — Paire de Brûle-Parfums en faïence de Rouen, décor ploychrome à lambrequins et guirlandes.

103 — Deux Potiches avec couvercles en porcelaine du Japon, décor polychrome.

104 — Statuette en bronze : *la Fortune*, sur socle en marbre noir avec bas-relief en bronze : *les Amours sculpteurs*.

105 — Deux Figurines d'enfants en bronze, d'après Clodion, sur socle en marbre onyx.

106 — Statuette en bronze : *la Diane chasseresse* de Falguière, édition de Thiébaut.

107 — Pendule formée par un groupe en biscuit : *Nymphes et Amour*, d'après Falconnet, sur socle en marbre jaune de Sienne garni de bronzes.

108 — Aiguière en étain avec figure de nymphe en haut-relief et autres couchées dans les flots de la mer. Signé Ledru.

109 — Quatre Assiettes en étain, bords festonnés.

110 — Lampe de parquet en cuivre poli avec abat-jour.

111 — Plat creux et ovale en faïence de Milan, décor à fleurs.

112 — Compotier en faïence de Rouen, décor à guirlande de fleurs en bleu.

113 — Plateau en vieux Rouen, décor à corbeille et dessin bleu.

114 — Grand Vase en faïence de Valoris, décor flambé.

115 — Deux Aiguières en faïence de Valoris, décor flambé.

116 — Petit Surtout en faïence de Marseille, décor à personnages et fleurs.

117 — Vase en faïence de Rhodes, décor à fleurs.

118 — Petit Groupe en bronze : Silène, Nymphe et Satyre.

119 — Corbeille en faïence de Strasbourg, décor à fleurs.

120 — Grand Groupe en ivoire de trois guerriers Japonais sur socle en laque.

121 — Statuette en étain : *La Caille.* Œuvre de T. Rivière.

122 — Porte-Bouquet en cristal gravé à sujet de chasse.

123 — Porte-Huilier en faïence de Strasbourg, décor à fleurs.

124 — Deux Chopes en grès, décor à personnages, moulures étain.

125 — Groupe en ancienne porcelaine de Frankenthal : *le Duo*.

126 — Groupe en porcelaine représentant Diane et l'Amour, assise près d'un vase formant brûle-parfums.

127 — Figurine en ivoire, petit Japonais assis.

128 — Éventail en ivoire peint et sculpté à jour avec feuille à scène champêtre. Époque Louis XV.

129 — Éventail en écaille avec figure de Chinois, à rehauts d'or, feuille à sujets Bérain.

130 — Coussin en satin blanc brodé à corbeille de fruits, gerbes de fleurs et oiseaux, Louis XVI.

131 — Figurine de Femme nue tressant ses cheveux, en ivoire par Théodore Rivière.

132 — Bonbonnière Louis XVI avec miniature, sujet champêtre.

133 — Monocle en pierreries, du Directoire.

134 — Petite Corbeille en émail, bords à jour, fond à paysage.

135 — Petit Pot à crème en porcelaine d'Allemagne, décor à fleurs.

136 — Noix de Coco sculptée à sujet de chasse.

137 — Petit Vase en faïence, décor à paysage.

138 — Saucière de Strasbourg, décor à fleurs.

139 — Compotier de Saxe, décor à figures.

140 — Sabre japonais, fourreau et poignée en bronze.

141 — Fusil chinois avec canon orné d'incrustations.

142 — Seau en cuivre avec cuiller et crémaillère.

143 — Paire de grands Landiers avec pelle, pincettes et traverse en fer. Style XVIe siècle.

144 — Lustre en bronze richement garni de plaquettes et de fleurs en cristal, disposé pour l'électricité. Style XVIIIe siècle.

145 — Lustre à cinq lumières préparé pour l'électricité, en bronze, style rocaille, garni de pendeloques et de fleurs.

146 — Voile de calice en soie brochée.

PETIT SALON

147 — Lit de repos en bois sculpté, rechampi de gris, avec coussins et garniture en soie bleue, rayée et brochée à fleurs. Époque Louis XVI.

148 — Quatre Fauteuils en bois sculpté rechampi de gris Louis XVI, couverts en soie rayée, fond vert pâle et blanc brochée à fleurs.

149 — Deux Chaises-fumeuses en bois sculpté rechampi de gris, couvertes en soie rose rayée et brochée à fleurs. Style Louis XVI.

150 — Table à jeu Louis XVI, à bascule, pour les dames, échecs, tric-trac, en marqueterie de bois, avec bordure perlée de bronzes.

151 — Harpe en bois sculpté rehaussé de peinture et de dorure sur fond vert, la crosse ornée de fleurs et d'enroulements, signée Cousineau. xviiie siècle.

152 — Draperie en soierie ancienne à fleurs sur fond clair.

153 — Grand décor de croisée composé de deux rideaux et d'une draperie en soierie rayée et moirée, brochée à fleurs sur fond maïs et blanc garnie de franges et passementeries assorties, couronnée par un lambrequin orné d'applications.

154 — Deux Panneaux de tenture en même étoffe.

155 — Deux paires de Portières en soie analogue.

156 — Quatre Brise-Bise en surah crème.

157 — Grand Store en surah avec entre-deux et volant en guipure.

158 — Cinq Coussins en soierie de diverses nuances.

159 — Deux paires de Bras d'applique à trois lumières en bronze doré, forme gaine, surmontés de vases et enguirlandés de lauriers. Époque Louis XVI.

160 — Pendule forme vase en bronze doré

Louis XVI, avec anses ornées de guirlandes de laurier. Cadran signé *Balthazard, à Paris.*

161 — Paires de Girandoles à deux lumières en bronze doré Louis XVI.

162 — Paire de Chenêts en bronze à figures de petits tritons sur rocailles.

163 — Lustre Empire à six lumières en bronze vert et doré, relié par des chaînettes et orné de têtes de sphinx et de lions.

164 — Trumeau en bois sculpté, parties dorées Louis XVI, avec peinture : Jeux d'enfants en camaïeu, de l'École française.

165 — Tapis en moquette fond vert uni.

BUREAU, BIBLIOTHÈQUE

166 — Grand Bureau à cylindre en acajou garni de bronzes avec tablettes sur les côtés. Style Directoire.

167 — Bibliothèque ou Vitrine en bois d'acajou garnie de filets et de cannelures de cuivre. Style Louis XVI.

168 — Fauteuil de bureau en acajou garni de bronzes dorés. Style Ier Empire.

169 — Guéridon en acajou garni de bronzes dorés, dessus en marbre. Ier Empire.

170 — Petite Armoire à glace en acajou garnie de bronzes dorés, Ier Empire, intérieur garni de tiroirs.

171 — Grande Pendule en marbre jaune de Sienne avec statuettes en bronze représentant Sapho. Époque Ier Empire.

172 — Paire de Candélabres en bronze patine noire et parties dorés, statuettes de femmes drapées avec bouquets à cinq lumières.

173 — Lampe Liseuse en cuivre poli pour l'électricité.

174 — Deux Lustres en cuivre poli, à six lumières, forme lampe juive et disposé pour l'électricité.

175 — Paire de Rideaux avec bandeau en reps rouge brique, dessin jaune.

176 — Canapé et Chaise de style anglais.

CHAMBRE A COUCHER

177 — Grand Lit de milieu en bois d'acajou clair et moucheté, de forme élégante, richement garni de bronzes ciselés et dorés, offrant sur le devant un motif à vase enguirlandé de lauriers se détachant au milieu de rinceaux feuillagés et de cariatides de marquises ailées. Les montants à trophées d'attributs champêtres couronnés de petits bustes d'enfants; de chaque côté des panneaux, des caissons sont garnis de canne dorée. Le fronton du fond est couronné par un trophée de musique et de gerbes de fleurs. Travail de la maison Rousseau. Style Louis XVI.

178 — Couvre-Pied en soie jaune richement orné de broderie et d'application à fleurs et festons de rubans de style Louis XVI.

179 — Commode de forme ventrue, à deux tiroirs, élevée sur pieds à contours, en marqueterie de bois, décor à fleurs et oiseaux, garnie de bronzes dorés, dessus en marbre brèche d'Alep. Époque Louis XVI. Signée J. N. E.

180 — Petite Console en bois finement sculpté et doré, posant sur trois pieds enveloppés de volutes; le bandeau, offrant une suite de marguerites, est orné de guirlandes de fleurs; dessus en marbre brèche suivant les contours du meuble. Époque Louis XVI.

181 — Petite Commode en bois de palissandre, forme à contours, offrant sur le devant un trophée de musique en marqueterie de bois de couleur se détachant sur un fond de bois rose; les côtés sont décorés de gerbes de fleurs. Garnie de bronzes rocailles encadrant la marqueterie. Dessus en marbre brèche d'Alep. Époque Louis XV.

182 — Petite Commode Louis XVI, forme demi-lune, en bois rose, palissandre et marqueterie. Dessus en marbre gris.

183 — Canapé et Chaise en bois rechampi de blanc, style anglais.

184 — Petite Table rectangulaire en bois d'acajou, offrant autour du bandeau des bas-reliefs en bronze doré : scènes d'enfants et des guirlandes de fleurs. Les pieds, forme vases, au-

dessus desquels se détachent des sirènes en bronze ciselé et doré supportant la table. Des ornements, des guirlandes et un double perlé décorent le piétement et la traverse d'entre-jambe. Dessus en marbre brèche violacé. Travail de la maison ROUSSEAU. Style Louis XVI.

185 — Bergère à oreillons, en bois sculpté rehaussé de gris, couverte en soierie moirée, fond vert à rayures et brochée à fleurs de diverses nuances. Style Louis XVI.

186 — Deux Fauteuils en bois sculpté rechampi de gris, couverts en soie rayée vert pâle et blanc, broché à petits bouquets de fleurs. Style Louis XVI.

187 — Trumeau en bois sculpté et peint à encadrements de fleurs enrubannées avec panneau en tapisserie, représentant une scène champêtre à deux personnages dans un paysage, encadrée de fleurs et de festons de rubans. Époque Louis XVI.

188 — Pendule forme violon, richement garnie de bronzes, dessin à rocailles, fleurs et oiseaux. Cadran signé BERTHOUD. Époque Louis XV.

189 — Buste de la reine Marie-Antoinette, en biscuit de Sèvres, d'après PAJOU (signé).

190 — Lustre à six lumières, en bronze, garni de cristaux. XVIIIe siècle.

191 — Paire d'Appliques à deux lumières, en bronze, forme gaines, surmontées de vases enguirlandés de lauriers. Époque Louis XVI.

192 — Tapisserie d'Aubusson représentant un parc avec arbres en fleurs et pièce d'eau, animé de volatiles, bordure simulant un encadrement avec armoiries dans le haut. XVIIIe siècle.

193 — Tenture murale en brocatelle verte, dessin ton sur ton.

194 — Trois Carpettes anciennes d'Orient, dessins variés.

195 — Grand Store en surah crème avec entre-deux en guipure et orné de broderies.

196 — Quatre Brise-Bise en surah crème.

197 — Tapis en moquette rouge unie.

CABINET DE TRAVAIL

198 — Grand Bureau, forme à contours, en bois rose sur fond de palissandre et décoré de guirlandes de fleurs en marqueterie de bois, richement garni de bronzes ciselés et dorés, de style Louis XV.

199 — Petit Bureau Louis XV, ouvrant à dos d'âne, formant armoire dans le bas, en bois de noyer et marqueterie, garni de bronzes dorés.

200 — Petite Table chiffonnière avec étagère d'entre jambe en bois d'acajou, forme Louis XV.

201 — Petite Table en bois d'acajou sur quatre pieds cannelés, ornée de guirlandes de fleurs, de chutes enrubannées et de bas-reliefs en bronze ciselés et dorés, dessus en marbre brocatelle d'Espagne. Style Louis XVI.

202 — Deux Fauteuils Louis XV en bois sculpté, foncés de canne avec coussins en cuir.

203 — Petite Console d'angle en bois finement sculpté et doré, dessin à rocailles et fleurs, dessus en marbre brèche d'Alep. Époque Louis XV.

204 — Fauteuil de bureau en bois sculpté, foncé de canne avec coussin en brocatelle fond rouge, dessin à ramages.

205 — Baromètre-Thermomètre plaqué d'écaille et garni de bronzes à rocailles. Louis XV.

206 — Trumeau en bois sculpté, décor au palmier enguirlandé de fleurs et de feuillages rechampi de vert et rehaussé d'or par parties avec peinture : Scène champêtre de l'École française. Époque XVIIIe siècle.

207 — Paire de Girandoles argentées à quatre lumières, à cannelures et chutes d'asperge, couronnées par des petits brûle-parfums. Style Louis XVI.

208 — Paire de Bras d'applique à deux lumières en bronze doré, modèle rocaille. Style Louis XV, disposés pour l'électricité.

209 — Petit Lustre à quatre lumières pour l'électricité, tout garni de guirlandes et de pendeloques en cristal. Époque Louis XVI.

210 — Candélabre à bouillotte à trois branches en bronze doré, rinceaux à têtes de béliers, le bas forme corbeille. Style Louis XVI.

211 — Chimère en pierre de lard sur socle en bois sculpté. Travail ancien de Chine.

212 — Presse-Papiers en bronze, forme chimère.

213 — Cendrier forme pirogue, en bronze.

214 — Petit Mortier en bronze du XVIe siècle.

215 — Pendule Louis XVI, en marbre blanc et bronze doré.

216 — Décoration de croisée et trois Portières en étoffe, fond satin rose, dessin à fleurs et festons, garnies de franges et passementeries assorties.

217 — Tenture murale en même étoffe.

218 — Store en surah crème orné de guipures.

219 — Deux Brise-Bise en surah crème.

220-222 — Trois Carpettes anciennes d'Orient, de différentes grandeurs.

TABLEAUX

PASTELS, GOUACHES, AQUARELLES, DESSINS

BOUTET (Henri)

223 — Tête de Femme blonde.

BOUCHER (École de)

224 — L'Hiver et l'Été.

Deux portraits de femmes. Pastels.

CALBET (A.)

225 — La Baigneuse.

Esquisse.

COTTIN

226 — Coq et Poule.

CAMBIAGGIO

227-228 — Les Meules.

Deux pendants.

DETAT (Eugène) (?)

229 — Vieillard au bord de la Seine.

Dessin.

230 — Le Bal public.

FRANC-LAMY

231 — Jeune Fille nue.

Grand Dessin.

FRANC-LAMY

232 — Les Quais de la Seine.

Deux pendants.

FRANC-LAMY

233 — Femme nue couchée sur une draperie rose.

FRANC-LAMY

234 — La Femme à la poupée japonaise.

FRANC-LAMY

235 — Jeune Fille nue vue presque de dos.

Dessin.

FRANC-LAMY

236 — La Sortie du bain.

Dessin.

FRANC-LAMY

237 — Fleurs.

Étude.

FRANC-LAMY

238 — L'Heure du bain à Boulogne

FRANC-LAMY

239 — Paysages.

Deux études.

GUILLAUME

240 — Le Bain mixte.

KINSOEN (François)

École Flamande (1770-1839)

241 — Portrait d'Homme.

Il est représenté assis, presque de face, pinçant de la guitare, en habit gris, gilet jaune broché et rayé, physionomie fine et spirituelle.

Signé en bas et à droite.

Daté 1796 (?).

Ce portrait, peint dans la manière de Prud'hon, est d'une facture et d'un coloris intéressants qui laisseraient supposer que Prud'hon a conseillé le peintre lors de l'exécution.

En haut, à gauche, se lit une signature de Prud'hon (1793).

Cadre en bois sculpté ancien.

LINDEN (Gaston)

242 — Peut-on entrer ?

Une jeune femme emmitouflée dans son collet, le visage souriant sous sa voilette, se présente à la porte d'un atelier d'artiste.

LINDEN (Gaston)

243 — Par la Neige.

Joli tableau.

LINDEN (Gaston)

244 — Cour de Ferme.

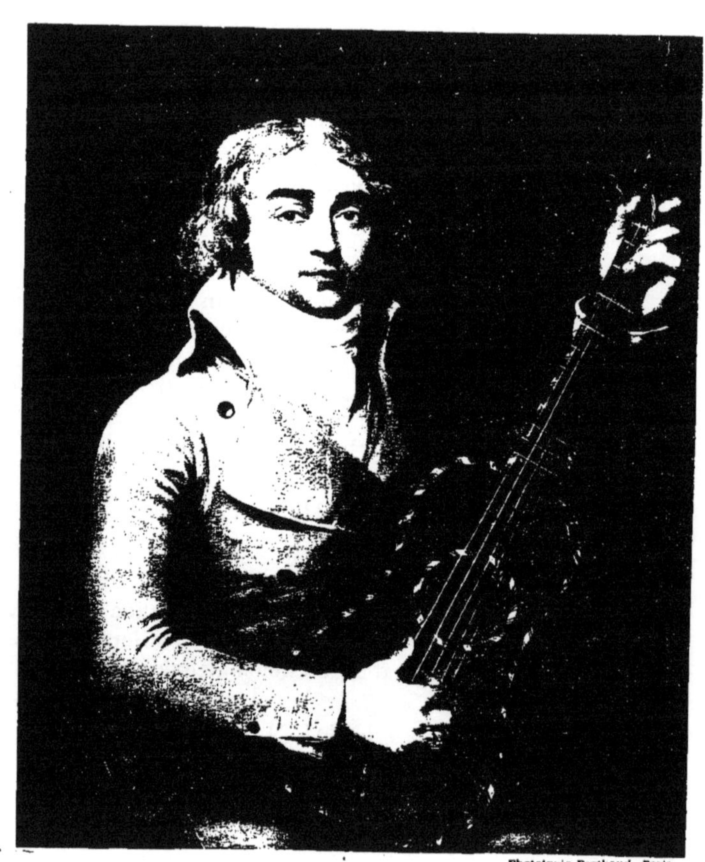

Phototypie Berthaud. Paris.

Nº 241

P. G.

245 — Homme et Femme nus.

Étude.

ROPS (F.)

246 — La Tentation.

Dessin.

ROPS (F.)

247 — La Veillée en Hollande.

Dessin rehaussé de couleur.

RONDEL (H.)

248 — La Jeunesse.

Représentée sous les traits d'une très jolie jeune fille aux cheveux d'or.

RENAULT (Édouard) (?)

249 — Bord de Lac.

TÉNIERS (Attribué à)

250 — Buveurs attablés.

Cadre bois sculpté.

VERNET (Carle)

251 — La terrasse d'un château, animée de nombreux personnages et de cavaliers, avec vue d'une plaine et de la mer en perspective.

Cadre en bois sculpté.

VERDUSSEN (Attribué à)

252 — Chasse au Sanglier.

Cadre bois sculpté.

WELKERD

253 — Paysage avec château au bord d'un lac, animé de figures et de cavaliers.

Gouache.

ÉCOLE ANGLAISE

254 — Ville maritime.

Gouache.

ÉCOLE FRANÇAISE

255 — Deux portraits d'Homme et un portrait de Femme.

Trois miniatures.

ÉCOLE FRANÇAISE

256 — Tête d'Enfant (d'après un dessin de WATTEAU).

ÉCOLE ITALIENNE

257 — Scène d'intérieur rustique.

Cadre en bois sculpté.

ÉCOLE MODERNE

258 — Bord d'un lac.

Aquarelle.

ÉCOLE MODERNE

259 — Intérieur de Forêt.

Pastel.

GRAVURES

260 — **Alix** (d'après NANTEUIL). Portrait de Mme de Sévigné.

Gravure en couleur.

261 — **Beauvallet** (d'après F. de Troy). Histoire d'Esther et d'Assuérus.

Suite de six gravures en couleur.

262 — **Chaplin** (Ch.). Dans les Rêves.

263 — **Charon** (d'après Carle Vernet). Le Maréchal-Ferrant.

Pièce en couleur.

264 — **Choffard** (d'après Baudouin). La Fille mal gardée.

Gravure.

265 — **Dupuis** (d'après Toquet). Portrait de messire Charles-François-Paul Le Normand de Tournehem.

Gravure.

266 — **François Flameng** (D'après). Le Bain des Dames de la Cour.

Photogravure Goupil.

267 — **De Launay** (d'après Lavreince). Qu'en dit l'Abbé.

268 — **De Launay** (d'après Lavreince). Le Billet doux.

Deux gravures

269 — **De Launay.** L'Heureux moment.

Gravure.

270 — **Moreau le Jeune** (d'après Baudouin). Le Coucher de la Mariée.

Gravure.

271 — **Rossi.** L'Abbé Galant.

Pièce en couleur.

272 — **Richter** (Henri). Deux Gravures ovales en couleur.

273 — **Rossi** (L.). Le petit Déjeuner.

Pièce en couleur.

274 — **Téniers** (D'après). Intérieur de Tabagie.

Pièce en couleur.

275 — **Vion** (d'après Meissonier). Le Joueur de mandoline.

276 — **Voyez** (Junior) (d'après Baudouin). Le Fruit de l'amour secret.

Gravure.

277 — **École anglaise.** Le Rêve.

Sanguine.

278 — **École française.** Les Délices du Printemps.

Gravure.

279 — **École française.** Le Menuet de la Mariée.

280 — **École française.** La Parade.

281 — **École française.** Les Singes savants

282 — **École française.** L'Enlèvement.

Quatre gravures en couleur.

283 — Lot de Gravures.

284 — Objets omis au catalogue.

www.ingramcontent.com/pod-product-compliance
Ingram Content Group UK Ltd.
Pitfield, Milton Keynes, MK11 3LW, UK
UKHW020450180726
13839UKWH00004B/1738

9 782329 505886